AF476384

ASSOCIATION INTERNATIONALE ÉCONOMIQUE

DES

AMIS DE LA PAIX

FONDÉE EN 1865, PAR M.-A. GROMIER

POUR L'ÉTABLISSEMENT D'UNE

UNION MÉDITERRANÉENNE

Circulaire de Propagande

POUR 1892

PARIS
20, Rue Choron, 20

1891

AVIS IMPORTANT

L'ANNUAIRE ILLUSTRÉ

DE

L'UNION MÉDITERRANÉENNE

POUR 1892

paraîtra le 5 Décembre prochain

Il sera tiré à cent mille exemplaires

Les adhérents, désireux d'y voir figurer exactement leurs nom, prénom, titre, qualité, profession, domicile, heures de réception, etc., sont priés d'en envoyer l'indication au fondateur et président de cette œuvre internationale, **M. GROMIER, 20, Rue Choron, à Paris**

B. SACERDOTE, imprimeur de l'*Union Méditerranéenne*
66, boulevard Edgar-Quinet, Paris

Fin d'une série de documents
en couleur

ASSOCIATION INTERNATIONALE ÉCONOMIQUE

DES

AMIS DE LA PAIX

FONDÉE EN 1865, PAR M.-A. GROMIER

POUR L'ÉTABLISSEMENT D'UNE

UNION MÉDITERRANÉENNE

Circulaire de Propagande

POUR 1892

PARIS
20, Rue Choron, 20

1891

DÉDICACE

A ceux de mes amis connaissant les obstacles politiques, moraux et matériels qu'il m'a fallu surmonter, et les sacrifices qu'il m'a fallu faire, pour continuer, jusqu'en 1891, ma campagne entreprise, il y a déjà plus de vingt-six ans, en faveur d'une Alliance Arméno-Gréco-Latine *et d'une* Union Douanière Méditerranéenne.

Paris, le 29 Avril 1891.

M.-A. GROMIER

ASSOCIATION INTERNATIONALE ÉCONOMIQUE

DES

AMIS DE LA PAIX

FONDÉE EN 1865 PAR M.-A. GROMIER

POUR L'ÉTABLISSEMENT D'UNE

UNION MÉDITERRANÉENNE

Circulaire de Propagande pour 1892

« L'**Union Méditerranéenne** compte, maintenant, plus de dix mille partisans, appartenant à toutes les religions, à toutes les professions : hommes d'État, diplomates, mandataires du peuple, littérateurs, savants, journalistes, poètes, négociants, industriels, parlant tous les idiomes, réunis comme en une tour de Babel dont les constructeurs s'entendraient, rapprochés par le même désir de la paix, de la tranquillité, tous « *Eloquents défenseurs des saintes libertés*, » ainsi que les appelle Ch. Grandmougin.

» M. Gromier, l'instigateur de l'**Union,** son **Pierre l'Ermite,** son pionnier infatigable et dévoué, poursuit depuis vingt-six ans un but unique, la réalisation d'une seule idée, luttant pour cette cause sainte avec une ténacité d'autant plus louable qu'elle est rare et n'obéit à aucune coterie politique, *à aucune influence gouvernementale,* exclusivement au service d'un intérêt international. »

Extrait d'un discours de feu COINT-BAVAROT, vice-président de la *Société d'Economie Politique,* de Lyon.)

« M. Maas, député saxon, vient de proposer au Reichstag allemand la formation, au centre de l'Europe, d'une confédération rhénane-alpine, neutre et libre, composée de la Hollande, de la Belgique, du Luxembourg, de l'Alsace-Lorraine et de la Suisse, qui formeraient le premier noyau des Etats-Unis d'Europe.

» L'idée est bonne; mais j'en connais une meilleure : — c'est l'idée que prêche M. Gromier. Ce grand humanitaire travaille avec une activité prodigieuse à constituer l'alliance arméno-gréco-latine. Ce serait le Zollverein du Sud, contre-partie du Zollverein du Nord, jusqu'à l'heure où ils se fondraient l'un et l'autre dans le grand *Bercail* des peuples qu'annonça Jésus-Christ. »

(Extrait du livre de l'abbé ROCA, *Le Monde nouveau,* p. 407.)

L'ŒUVRE

Parmi les nombreux groupes fondés à Paris, dit le *Petit Journal,* il n'en est certainement point se proposant un but plus important que celui de **l'Union Méditerranéenne**, qui réunit les partisans de l'établissement d'un *Zollverein* entre toutes les nations riveraines de la mer Méditerranée.

Cette association, dit le *Journal des Débats,* en est à sa 26e année d'existence. Elle poursuit la consolidation de la paix européenne par l'union des peuples d'origine latine limitrophes de la Méditerranée, et elle la cimente, le verre à la main, plusieurs fois par an, autour de quelque table bien servie, car rien ne prédispose à l'éclosion des sentiments pacifiques comme une digestion exempte de toute inquiétude.

L'**Union Méditerranéenne,** dit le *XIXe Siècle,* devrait allier *économiquement* les habitants du Portugal, de l'Espagne, de la France, de l'Italie, du Monténégro, de l'Albanie, de la Grèce (augmentée de *l'Epire, de la Thessalie et de la Crète),* de la Bulgarie *nouvelle,* de la Roumanie et de l'Arménie *(dont nous espérons voir l'indépendance),* de l'Egypte *(qui doit retourner aux Egyptiens),* de la Tripolitaine, de la Tunisie, de l'Algérie et du Maroc, — ainsi que de toutes les colonies, actuelles et futures, de ces pays Méditerranéens, réunis autour du bassin magique d'où sortit la civilisation, — sur les rivages sacrés où s'est fait entendre le cri *Homo sum* et où les plus sublimes génies : Homère et Moïse, Virgile et Platon, Térence et Socrate, Dante et Rabelais, Cervantes et Voltaire, Camoens et Victor Hugo se sont reconnus, confondus, avec Mahomet, dans ce PAN que les contemporains appellent Humanité !

Les intérêts économiques, dit le *Temps,* ont leur classement, comme les choses humaines. Ils ont leurs affinités spontanées, dépendant du climat, du relief et de la nature du sol, de la distribution des eaux, des entrainements historiques. C'est sur ces affinités que doit se régler, pour être féconde et forte, toute cristallisation nationale. La bonne politique des Etats qui ne veulent pas rester de simples expressions géographiques, à la merci du hasard, est de se conformer aux lois de ces courants sociaux. Eh bien ! cette *alliance internationale économique* — préface de la formation des **Etats-Unis Méditerranéens** — s'obtiendrait entre tous ces pays (quels que soient la forme actuelle et le nom de leurs Gouvernements), au moyen de l'adoption *synallagmatique,* dans tout le territoire de ladite alliance, de certaines mesures d'ordre purement administratif que discutent *mensuellement* les convives de M. Gromier, le promoteur persévérant de cette œuvre grandiose, datant de 1865.

LES PRÉSIDENTS

Le dîner mensuel est toujours très intéressant. Mieux qu'un repas de bons compagnons, c'est une véritable cène d'apôtres que préside tour à tour un homme éminent :

Emilio Castelar, d'Espagne;
José Carrilho Videira, du Portugal;
Estévanez, de l'Amérique du Sud;
Iskender, d'Arménie;
Coint-Bavarot, de Lyon;
Le cheikh Sanua Abou Naddara, d'Egypte;
Gabriel Eknayan, de Constantinople;
Lucien Salomon, président de la *Chambre de Commerce française* de Milan;
Abdul Kerim El Haough, du Maroc;
Abdul Gindi, du Soudan;
Bourgeois, député du Jura;
Roux-Lavergne, maire de Lorient;
Eschenauer, président de la *Société des Études Philosophiques et Sociales;*
Meulemans, directeur de la *Revue diplomatique;*
M. le marquis de Castellane-Norante;
Destrem, président de la *Société de l'Arbitrage;*
Nottelle, de la *Société des Amis de la Paix;*
Louis Ariste, directeur du *Midi républicain;*
Millot, l'explorateur de l'Indo-Chine;
Charles Prévet, président de l'*Union Nationale du Commerce et de l'Industrie;*
Joseph Gaud, président de la *Chambre syndicale des Représentants de Fabriques et de Commerce;*
Gomot, l'ancien ministre de l'*Agriculture;*
Lockroy, l'ancien ministre du *Commerce;*
De Douville-Maillefeu, député de la Somme;
Paul Vibert, l'éloquent et savant économiste;
Bourreiff, le philanthropique créateur de l'*Œuvre de la Bouchée de pain;*

Jules Simon, le grand philosophe;
Charles Soller, l'explorateur du Sahara et du Maroc;
L.-L. Vauthier, l'ancien représentant du Peuple;
Jean Dupuis, le conquérant pacifique du Tonkin;
Ch. Bayle, l'intelligent créateur du journal *La Géographie;*
Gustave Rivet, député de l'Isère;
L'armateur Marty;
Émile Cravoisier, secrétaire-général de la *Chambre syndicale des Négociants-Commissionnaires;*
Letellier, député d'Alger;
Ernest Desmarest, ancien bâtonnier des *Avocats du Barreau de Paris* et ancien maire-élu du IXe arrondissement;
Le marquis Charles Alfieri de Sostegno, du Sénat italien;
Luiz Pinto Tavares Fragoso Freire, préfet de Guarda, Portugal;
Magalhaës Lima, directeur du journal *O Seculo* de Lisbonne;
José Rubaudonadeu, député aux Cortès, d'Espagne;
Le général Bordone;
Le général Turr;
Le baron de Cambourg;
Andrea Costa, député italien;
Don Manuel Ruiz Zorrilla;
Amilcare Cipriani;
Teixeira de Souza, du Brésil;
L'ex-Garibaldien Bastianello;
L'ex-général Antonio de Gutierrez y Pavia;
Le grand financier américo-chinois Geo.-Aug. Butler;
Ferdinand de Lesseps, etc., etc.

LES CONFÉRENCIERS

Au dessert, des orateurs illustres portent des toast à la *Paix*, au *Travail*, au *Progrès*, et des conférenciers exposent les questions à l'ordre du jour :

Gromier fait le compte rendu des opérations de l'**Union Méditerranéenne;**

Worms enseigne le mécanisme du *Zollverein Méditerranéen* à établir ;

Raoul Lucet (Émile Gautier) dit ce que devrait être l'*Alliance Franco-Russe ;*

Czernicheff et N. Nassakine révèlent les menées anti-humanitaires des Allemands ;

Broussali, Howyan et Iskender plaident la cause de la malheureuse Arménie ;

Charles Read récite ses sonnets en l'honneur de la Méditerranée *(le Lac Latin superbe)* ;

Leys démontre l'indispensabilité de son projet du *canal de Boulogne-sur-Mer à Paris ;*

Rueff décrit les richesses de la Cochinchine ;

Donzel élucide la question des *Traités de commerce ;*

Duponchel explique la question du *Transsaharien ;*

Bouquet de la Grye expose le plan de son projet de *Paris Port de Mer ;*

Journet, de Toulouse, réclame l'élargissement du *canal des Deux-Mers*, qui décuplerait nos forces commerciales et militaires ;

Gustave Nadaud chante ses merveilleuses créations ;

Léon Chotteau réclame des *Agences consulaires commerciales ;*

Edouard Marbeau raconte ce qu'il a vu de bien à l'étranger et fait des vœux pour voir les mêmes choses en France ;

Le baron de Saint-Georges Armstrong et A.-S. Morin expliquent la théorie de l'*Arbitrage international ;*

Le docteur Eug. Verrier développe l'avenir de la *Société Africaine ;*

Lockroy raconte les exploits de Garibaldi, etc., etc., etc.

LES ADHÉRENTS

Puis, on lit les lettres d'adhésions et d'encouragements de Torres-Caïcedo, Jules Simon, Ruy Barbosa, Diaz, Latino Coëlho, général Clemente Corte, Ernesto Teodoro Moneta, Leo Laroche de Labesse, Maineri, Teixeira Bastos, Sà-Chaves, Mé-

Bases d'un Zollverein Méditerranéen

Proposé par GROMIER, dès 1865

I. — Unification du calendrier; — adoption du méridien international de Jérusalem (proposé au monde savant par l'Académie des sciences de Bologne) comme méridien initial universel: — application immédiate de l'heure universelle, *conjointement avec l'heure locale*, à la télégraphie et la téléphonie internationale.

II. — Uniformité des poids, des mesures, des monnaies, d'après le système métrique décimal, pour empêcher, dans l'Orient, la suprématie de l'or anglais, celle du thaler de Marie-Thérèse et celle de la piastre aléatoire et variable.

III. — Uniformité des tarifs postaux et des timbres-poste : dans tout le domaine de **l'Union Douanière Méditerranéenne**, on devrait pouvoir employer (comme en Suisse) pour les cartes postales, des timbres de 5 centimes; pour les lettres, des timbres de 10 centimes par poids de 15 gr., pour les imprimés, des timbres de 1 centime par poids de 50 grammes.

IV. — Uniformité des tarifs télégraphiques: 50 cent. les premiers dix mots et 2 centimes par mot supplémentaire.

V. — Liberté de la pêche et du cabotage le long des côtes méditerranéennes, et gratuité des débarquements dans tous les ports de ce littoral pour les bateaux et les navires appartenant à la marine des pays riverains, alliés autour de la Méditerranée devenue pour eux un *lac neutre central*.

VI. — Uniformité du prix kilométrique de transports, par kilogramme de marchandises confiées aux messageries de terre et de mer, entre les confins du pays de **l'Union** — et uniformité des tarifs ferroviaires et des tarifs des paquebots, pour les voyageurs et les passagers.

VII. — Abolition de tout passeport et des péages, des octrois, des douanes à l'intérieur de **l'Union Méditerranéenne**; — c'est-à-dire pleine liberté de communications personnelles et d'échanges entre les habitants des pays composant cette *association internationale économique des Amis de la Paix*.

Le Fondateur et Président de "l'Union Méditerranéenne"

M.-A. GROMIER

20, rue Choron, PARIS.

Association Internationale Économique des Amis de la Paix

FONDÉE EN 1865, PAR GROMIER

POUR L'ÉTABLISSEMENT D'UNE

UNION MÉDITERRANÉENNE

20, Rue Choron, Paris

Le Directeur Président, soussigné, déclare que Monsieur ....

s'est fait inscrire, régulièrement, parmi les Membres de l'Union Méditerranéenne et qu'en conséquence, il a l'honneur et se fait un devoir de recommander cet adhérent à tous les bons offices confraternels des autres partisans de l'Œuvre.

Le Fondateur et Président :

N.-B. — Cette carte doit avoir la signature manuscrite de M. Gromier et le timbre de l'*Union*.

zières, Geo.-Aug. Butler, José de Castro, Georges Carton, Deluns-Montaud, de Sandoval, Calderon, Munro, Zatouroff, Otto Renzos, Moschovakis, Datculescu, Angelopoulo, Yves Guyot, Limousin, Lourdelet, Pra, Ducret, Benoît Malon, Reis Damaso, Xavier de Ricard, de Tourtoulon, Ferdinand de Lesseps, Edouard Laferrière, Sonzogno, le général Boulanger, Charles Floquet, Georges Berger, Andrieux, A. de Gubernatis, Marco Antonio Canini, José Maria Vallès y Ribot, Pi y Margall, de Freycinet, Carnot, Grévy, etc., etc., etc.

Et jamais, nul ne se permet, en ces agapes intimes, de faire servir les dîners de l'**Union Méditerranéenne** à des ambitions personnelles, à des discussions de politique gouvernementale, à des satisfactions d'intérêts de coterie.

LA THÉORIE

On ne s'occupe là que des besoins économiques des nations riveraines de la Méditerranée, l'**Union Méditerranéenne** étant exclusivement une œuvre commerciale et de pacification, une œuvre d'économie sociale.

Un petit extrait d'un discours de M. Gromier le démontrera fort à propos :

Je dois encore dire un mot, spécial aux associés étrangers de l'*Union Méditerranéenne*, sans exception de races, de nationalités et de religions.

Par cela même que l'*Union Méditerranéenne* est internationale, elle ne peut pas être politique, dans le sens ordinaire du mot.

Elle ne peut avoir pour base que les principes scientifiques et le sentiment de l'humanité, principes et sentiment essentiellement cosmopolites.

Chacun de nous (moi, tout le premier), nous reprenons nos droits et nos devoirs politiques de patriotes, lorsque l'intérêt primordial de notre patrie le réclame ; mais, entendons-nous bien sur ce point capital, nous en usons, nous devons en user pour obtenir toutes les atténuations aptes à concilier notre pays avec les pays concurrents. C'est ainsi que nous, *Français libres-échangistes*, nous ferons du protectionisme temporaire, s'il le faut, pour annuler les effets du Traité de Francfort ; mais, nous nous appliquerons de toutes nos forces à diminuer la distance, toujours très regrettable, existant entre la politique, d'une part, et de l'autre, la science et l'humanité.

Les paroles suivantes de l'illustre général Turr, elles aussi, sont d'excellentes preuves du but pacificateur de l'**Union Méditerranéenne :**

Des erreurs ayant été commises de part et d'autre, ne cherchons pas qui les a faites ; mais cherchons le remède et oublions-les.

Soyons libres, indépendants, maîtres chacun dans son pays, gouverné selon son choix.

La France, l'Italie, l'Espagne devraient être justes l'une envers l'autre : la communauté d'origine des races, le langage, la religion, si tout cela ne suffit pas, *leurs intérêts matériels* et leur position géographique le commandent.

Il faut chercher ce qui nous rapproche et non ce qui nous divise.

Dans le même ordre d'idées, citons encore cette importante déclaration du vénérable M. Ernest Desmarest :

Mon cœur est avec les négociateurs inconnus qui tirent en ce moment des diagonales à travers l'Europe, pour chercher des moyens nouveaux de pacification, pour atténuer les effroyables budgets de guerre, pour étendre les bienfaits de la science et de la civilisation et garantir à l'avance les intérêts de l'Europe contre les périls qui peuvent venir un jour du côté de l'Extrême Orient.

Est-ce une utopie, une hallucination. C'est le secret de l'avenir. Mais n'oublions pas ce que vient de nous dire le général Turr :

L'utopie d'aujourd'hui sera peut-être la réalité de demain.

Il ne sera point d'avantage inopportun de reproduire, maintenant, une déclaration non moins importante et plus caractéristique encore de don Manuel Ruiz Zorrilla, le grand homme d'État espagnol :

Le droit de chaque peuple de disposer de son sort est le meilleur levier pour aire peser les plateaux de la balance en faveur des États-Unis d'Europe.

Dans cette direction, le grand but, c'est la grandeur de la patrie.

Quand une nation a placé ses souvenirs et ses espérances dans une dynastie, c'est un devoir pour ses voisins de respecter le culte qu'elle lui garde.

L'heure du triomphe de l'idée républicaine pourra sonner un jour pour l'Italie. Précipiter les événements, c'est s'exposer au péril de compromettre l'unité.

C'est ce que les patriotes ne doivent jamais faire, car on ne sait jamais quand on retrouvera ce qu'on a compromis.

C'est la gloire de grands révolutionnaires, comme Garibaldi, comme Mazzini lui-même, de l'avoir compris.

Devant des amis comme vous, je ne crains pas de vous dévoiler mes espérances et mes vœux sur l'avenir de ma patrie. Nous aussi, nous avons *nos rêves*.

Gromier sait combien j'ai toujours souri à l'union économique et politique du Portugal et de l'Espagne, aboutissant enfin à la si désirable unité de la Péninsule ibérique.

Je pousserai plus loin encore les confidences de ma sincérité.

Je suis révolutionnaire devant la réaction ; je suis conservateur devant l'anarchie. . . . .

Enfin, on peut utilement consulter cet autre extrait d'un discours du sénateur italien le marquis Charles Alfieri de Sostegno :

Mesdames et Messieurs, vous qui voulez la paix, vous devez, comme vous le faites, en chercher, avant tout, la garantie dans l'*Union Méditerranéenne*, dans le triomphe de la liberté économique, de la liberté commerciale. Elles sont inséparables de la liberté politique.

Et si ma faible voix pouvait monter si haut, aller si loin, je voudrais profiter de cette réunion d'apôtres de la paix pour proposer à tout le grand parti libéral de l'Europe ce nom qui est devenu un drapeau et a été accepté par mes amis de la *Fédération libérale monarchique italienne*, le nom de Camille Cavour.

Ce nom, en effet, signifie l'opposition de la démocratie libérale au radicalisme autoritaire ; il assure avec la liberté des peuples la paix sociale et la paix internationale, que vous désirez tous, ici !

Et, pour finir, il convient de peser cette péroraison d'un splendide discours de M. Léon Bourgeois, député du Jura :

C'est par des conventions librement consenties, par des associations, des groupements de tendances qu'il convient de délimiter la terre. — Les peuples ont pu se battre sous la pression de guerriers ambitieux, mais le travail et l'intelligence ont dorénavant répudié le droit de la force ; c'est à la production du sol, à la science, au génie de l'industrie à présider aux rapports internationaux ; l'humanité le veut, l'impose, l'exige.

LES MOYENS PRATIQUES

Voici, du reste, pour mieux conclure, les sept principales mesures établies par M. Gromier pour servir de base à son *Zollverein Méditerranéen :*

I. — Unification du calendrier ; — adoption du méridien international de Jérusalem (proposé au monde savant par l'Académie des sciences de Bologne) comme méridien initial universel ; — application immédiate de l'heure universelle, *conjointement avec l'heure locale*, à la télégraphie et à la téléphonie internationales.

II. — Uniformité des poids, des mesures, des monnaies, d'après le système métrique décimal, pour empêcher, dans l'Orient, la suprématie de l'or anglais, celle du thaler de Marie-Thérèse et celle de la piastre aléatoire et variable.

III. — Uniformité des tarifs postaux et des timbres-poste : dans tout le domaine de l'**Union Méditerranéenne**, on devrait pouvoir employer (comme en Suisse), pour les cartes postales, des timbres de 5 centimes ; pour les lettres, des timbres de 10 centimes par poids de 15 gr. ; pour les imprimés, des timbres de 1 centime par poids de 50 grammes.

IV. — Uniformité des tarifs télégraphiques : 50 cent. les premiers dix mots, et 2 centimes par mots supplémentaires.

V. — Liberté de la pêche et du cabotage le long des côtes méditerranéennes, et gratuité des débarquements dans tous les ports de ce littoral pour les bateaux et les navires appartenant à la marine des pays riverains, alliés autour de la Méditerranée devenue pour eux un *lac neutre central*.

VI. — Uniformité du prix kilométrique des transports, par kilogramme de marchandises confiées aux messageries de terre et de mer, entre les confins des pays de l'**Union** — et uniformité des tarifs ferroviaires et des tarifs des paquebots, pour les voyageurs et les passagers.

VII. — Abolition de tout passeport et des péages, des octrois, des douanes à l'intérieur de l'**Union Méditerranéenne** ; — c'est-à-dire pleine liberté de communications personnelles et d'échanges entre les habitants des pays composant cette *association internationale économique des Amis de la Paix.*

AUX MÉDITERRANÉENS

On voit aisément le champ immense ouvert ainsi à l'activité des peuples méditerranéens, si industrieux, — l'impulsion formidable donnée à leur fièvre commerciale, — le puissant front de résistance opposé de la sorte à l'influence, à l'invasion des Anglais et des Allemands.

Il n'y a donc point lieu de s'étonner du succès croissant de l'**Union Méditerranéenne** dont les adhérents, aujourd'hui, sont au nombre de 10,123 et dont environ trois cents journaux acceptent, défendent et propagent les idées.

M. Gromier, dont le persévérant courage et l'énergique volonté ne sont plus maintenant ignorés de personne, dirige son œuvre d'une manière absolument amicale, acceptant purement et simplement l'aide moral et matériel de ses adhérents, correspondant avec eux tous, rédigeant pour eux tous des Rapports et des Instructions périodiques, dont les frais sont couverts par les offrandes *volontaires* des adhérents.

Voici comment il terminait sa circulaire de 1882 :

Méditerranéens ! unissez-vous *économiquement*, tandis qu'il en est temps encore, si vous voulez pouvoir vous unir un jour *politiquement !*

Associez-vous pour travailler, acheter, vendre, trafiquer, si vous voulez pouvoir vous associer un jour pour vous défendre !...

Je vous le répète encore :

C'est par l'union douanière des morceaux épars de l'ancienne Confédération Germanique que l'Allemagne a commencé l'œuvre de son unification, à laquelle on a pu dire que le Zollverein de List avait plus sûrement et plus puissamment servi que Sadowa et Sedan.

Je vous le répéterai toujours :

C'est en jetant sur le globe entier un *épervier* de places fortes commerciales, en ameutant contre leurs rivaux la coalition des petits Etats entraînés de gré ou de force dans l'orbite d'Albion ; c'est en se faisant les *rouliers* de la mer, les intermédiaires obligés et les banquiers internationaux, que les Anglais sont devenus les maîtres du marché du Monde.

Oui, en affaires comme en politique, et comme à la guerre, l'union fait la force. Isolées, les nations sont à la merci du premier venu. Associées pour l'expansion collective, elles s'assurent réciproquement la sauvegarde et la fortune.

Méditerranéens, unissez-vous et constituez-vous en une sorte de *Syndicat d'intérêts !* Opposez raison sociale à raison sociale,

Répondez au *Zollverein Germanique* par le *Zollverein Méditerranéen,* — tandis qu'il en est temps encore, et, tôt ou tard, ces deux Zollvereins se fondront dans les Etats-Unis d'Europe, préface obligée de la *Paix universelle par le règne de l'arbitrage.*

Actuellement, après vingt-six années d'efforts laborieux, l'**Union Méditerranéenne** se trouvant définitivement fondée, les partisans nouveaux peuvent envoyer directement leur adhésion à *M. Gromier*, *à Paris*, *rue Choron*, *n°* 20.

Avec l'adhésion écrite, il suffit d'envoyer sa photographie et un *droit d'entrée de vingt francs,* pour recevoir, sur parchemin végétal, le Certificat-Diplôme dont cette brochure renferme un modèle sur simple papier fort.

Il n'y a pas d'autre dépense à faire et nulle cotisation ni souscription à payer.

Les adhérents sont assurés, à l'avance, d'un fraternel accueil et collaboreront, dès lors, à une œuvre véritable de pacification internationale et de progrès humanitaire.

Paris, 29 Avril 1891.

Albert ROUSSEAU, O, ✠, ✠

*Secrétaire Général de l'*UNION MÉDITERRANÉENNE

18, Rue Montmartre.

www.ingramcontent.com/pod-product-compliance
Ingram Content Group UK Ltd.
Pitfield, Milton Keynes, MK11 3LW, UK
UKHW020231200726
13856UKWH00004B/1705

9 782013 560627